DIE REIHE
Archivbilder

KINDER UND IHR SPIELZEUG

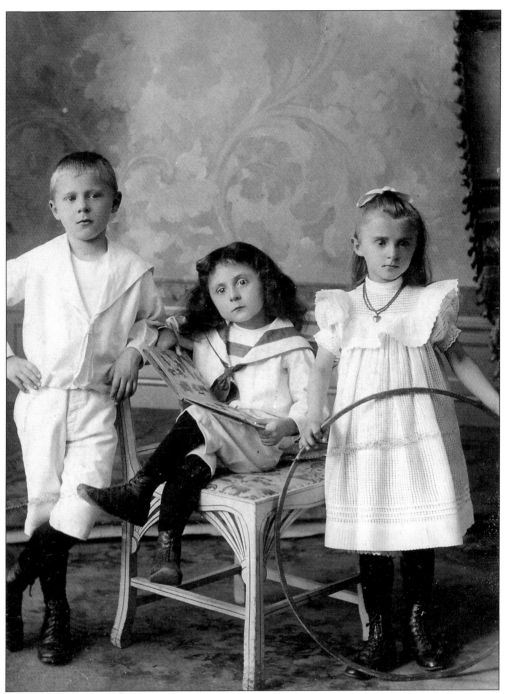

Hermann, Franz und Ännchen (von links) im Jahre 1897: Hermann im sonntäglichen, weißen Matrosenanzug steht leger wie ein Erwachsener in der vom Fotografen vorgegebenen Pose. Franz hat sein Bilderbuch dabei. Etwas ungewöhnlich ist sein langes Haar, denn seinerzeit wurden Jungen mit etwa drei Jahren die Locken abgeschnitten. Ännchen mit ihrem Holzreifen scheint sich dagegen aus der Situation herauszuträumen, denn Fotografiertwerden war damals eine ziemliche Qual: Man musste bis zu sieben Minuten absolut still stehen, sonst wurde das Bild verwackelt.

DIE REIHE
Archivbilder

KINDER UND IHR SPIELZEUG

Karin Hildegard Balk

SUTTON
VERLAG

Sutton Verlag GmbH

Hochheimer Straße 59

99094 Erfurt

http://www.suttonverlag.de

Copyright © Sutton Verlag, 2007

ISBN: 978-3-86680-186-8

Druck: Oaklands Book Services Ltd., Chalford | GL, England

Titelbild: Um 1890 entstand dieses Foto mit einem Stubenwagen für ein oder zwei Kinder. Für einen stolzen Reiter ist Platz auf dem Pferderücken, der kleine Sitz ist für seine Begleitung. Die große Schwester schiebt die beiden an.

1906 sitzen hinter dem Poststall Bad Kissingen die Gefährtinnen und Kinder der Postillione, die von hier nach Bad Bocklet fahren. Auch eine Briefträgerin in Uniform steht dabei. In der Mitte sitzt die Großmutter mit dem jüngsten Kind, das eine aus Lumpen selbst gemachte Stoffpuppe im Arm hält.

Inhaltsverzeichnis

Danksagung und Bildnachweis   6

Einleitung   7

1. Puppen   9

2. Holzreifen, Ball & Co.   35

3. Teddybären und andere Stofftiere   43

4. Technisches Spielzeug und Baukästen   59

5. Kinder, die nie gespielt haben   81

6. Kaufmannsläden und Puppenstuben   85

7. Geschwister – Einsamkeit und Zusammenspiel   89

8. Am Strand und im Sand   101

9. Schaukelpferde und andere Pferde   107

10. Vom Lesen und Theaterspielen   119

Literaturverzeichnis (Auswahl)   127

Danksagung und Bildnachweis

Zu besonderem Dank bin ich den Familien der Stadt Kassel verpflichtet, die mir – veranlasst durch einen Aufruf der „Hessisch-Niedersächsischen Allgemeinen" – ihre Familienfotos zur Verfügung gestellt haben. Außerdem danke ich den Mitgliedern des Vereins „Freunde des Puppen- und Spielzeugmuseums Kassel e.V.", die meine Idee unterstützen, sowie meinem Sohn Harald, der mir bei allen den Computer betreffenden Fragen geholfen hat. Mein Dank gilt darüber hinaus Herrn Burmeister vom Stadtmuseum Hofgeismar, Herrn Radicke vom Kreismuseum Schönebeck bei Magdeburg, Frau Meldau vom Stadtarchiv Schönebeck bei Magdeburg, Frau Schwerz vom Kinderland Museum Bad Lauterberg und Familie Krüger vom Heimatmuseum Eschenburg e.V., welche die Veröffentlichung ihres ausgewählten Fotomaterials gestatteten. Nicht zuletzt danke ich dem Team des Sutton Verlages Erfurt.

Ausborn, Leonie: S. 54 o.r., 69 o.l.; Bahr, Ulrike: S. 47 o.; Bahrfeldt, A. von: S. 27 u., 69 o.r., 72 u., 98 o.r.; Balk, Ingeborg: S. 78 o.; Balk, Karin H.: S. 2, 4, 9 r., 11 o.r., 11 u., 12 o., 13, 14 u., 16 o.l., 19, 20, 21, 29 o., 34 o., 35, 37 u., 37 o.r., 38 o.r., 39 u.l., 43 u. r., 44 o., 45 u., 46 o.l., 51, 54 o.r., 55 u., 56 u., 58, 60 u., 62, 79 o., 82, 83, 84, 90, 91, 92, 98 o.l., 102 o., 106, 108 o.l., u., 109, 111, 112, 113 o., 117 o., 120, 123 u.r., 126; Bauer, Mechthild: S. 34 u.l., 78 u., 85 u.r., 99 o., 100 u.r., 103 o.r., 104 o.; Beck, Inge: S. 30; Becker, Elke: S. 89; Beckmann, Gisela: S. 27 o.l., 28 o.r.; Bohland, Heidi: S. 29 u., 55 o., 68 o., 71 o., 72 o., 76 o., 87 o.; Bornemann, Ingrid: S. 73 u., 75 o., 100 o., 105 o.r., u., 124 o.r.; Demme, Horst: S. 25 u.r., 53 u.; Döring Brita: S. 28 u., 97 u.; Erny, Marlene: S. 88 o.; Gath, Sybille: S. 49, 64, 65, 67 o., 86 o.r., u., 115; Garde, Veronika: S. 77o., 99 u.r.; Hollstein, I.: S. 25 u.l.; Ide, Simone: S. 118 u.r.; Klein, Gisela: S. 61 o.; Krüger, Irene / Museum Eschenburg: Titelbild; Küfner, G.: S. 39 u.r., 42 o.; Lange, Iris: S. 23 o., 31, 32 o., 40 u., 41 o., 70 u., 71 u., 73 o.l., 74 o.r., 88 u., 98 u., 99 u.l., 105 o.l.; Martersteck, Rita: S. 23 u.r., 68 u.l., 75 u., 103 o.l.; Maurer, Marlis: S. 69 u., 77 u., 97 o., 104 u.; Mehl, 28 o.l., 40o., 52 o., 67 u.; Meister, Waltraut: S. 15 o.r., 16 u., 24, 26, 45 o., 48, 52 u., 53 o., 57 o., 59, 60o., 61 u., 63, 66, 94 o.l., 101, 102 u., 103 u., 110 u.r., 116 o.; Pfeffer, Margarete: S. 23 u.l; Schäfer, Ingeborg: S. 116 u.; Schäfer-Gläser, Anna Lena: S. 15 o.l., 110 o., 121; Schäffner, Ute: S. 14 o., 25 o., 44 u., 87 u., 124 o.l.; Schauder, Lilli: 36, 38 o.l., 70 o.; Schmidt, Renate: S. 9 u.l., 11 o.l., 43 u.l., 114 o.; Schulze-Kusemann: S. 27 o.r., 34 u.r., 56 o., 57 u.; Kinderland Museum Bad Lauterberg: S. 15 u., 16 o.r., 50, 68 u.r.; Seebass, Elisabeth: S. 33 u., 54 u., 74 o.l., u., 76 o.l., 100 u.l., 117 u., 118 o., u.l.,124 u., 125; Stadtarchiv Schönebeck: S. 93; Stadtmuseum Hofgeismar: S. 10 o., u.l., 18, 22, 37 o.l., 38 u.l., 46 u., 47 u., 94 u., 107, 108 o.r., 110 u.l., 113 u., 114 u.; Stoll, Ursula: S. 38 u.r.; Stübing, Liselotte: S. 10 u.r., 12 u., 17, 46 o.r., 85 u.l., 94 o.r., 95, 96, 119, 122, 123 o., u.l.; Wagner, Brigitte: S. 32 u., 33 o.; Weiler, Ruth: S. 81; Weiss Brigitte: S. 41 u.; Wendel, Elvira: 39 o.; Wittke, Stefanie: S. 73 o.r., 79 u.; Zarges, Helmut u. Edith: S. 42 u., 80.

Einleitung

Zu allen Zeiten beschäftigten sich Kinder mit verschiedenen Gegenständen, um ihre Welt kennenzulernen, sich die Zeit zu vertreiben oder zu lernen. So sind bereits aus der Jungsteinzeit aus Ton modellierte puppenähnliche Figuren bekannt. Diese „Idole" galten der Verehrung der Weltengöttin, könnten aber auch schon als Spielzeug angesehen werden, womit Puppen als die ältesten Spielzeuge überhaupt gelten. In Gräbern aus dieser Zeit fanden sich zudem Klappern, Pfeifen und Rasseln aus Keramik. Im Altertum entstanden Figuren mit beweglichen Gliedern aus verschiedensten Materialien, deren Aussehen nahezu der heutigen „Barbie" entspricht, und aus dem antiken Rom sind sogar vollständige Puppenmöbelgarnituren überliefert. Im Mittelalter waren Tiere aus Holz- und Ton bei den Kindern ebenso begehrt wie Schaukelpferde oder Puppen aus Stoff. „Spielklassiker" waren schon damals z.B. Bälle, Murmeln und Reifen.

Im Laufe der Jahrhunderte gestalteten kreative Hersteller immer neue Spielzeuge, und Städte wie Nürnberg und später Sonneberg erwarben sich aufgrund ihrer fantasievollen und qualitativ hervorragenden Erzeugnisse einen weltweiten Ruf als „Spielzeugstädte". Bis weit in das 20. Jahrhundert hinein war jedoch handwerklich und industriell gefertigtes Spielzeug den sozial und wirtschaftlich begünstigten Kindern adeliger und bürgerlicher Eltern vorbehalten. Die Kinder der „niederen Stände" besaßen vielfach gar kein Spielzeug oder mussten sich mit wenigen selbst gefertigten, sehr einfachen Spielsachen begnügen. Sie hatten oft auch nur wenig Zeit zum Spielen, da aufgrund der wirtschaftlichen Nöte die Eltern sehr früh die Mitarbeit auf dem Feld, im Handwerk oder Haushalt einforderten. Für unsere heutigen Vorstellungen viel zu früh mussten Generationen von Kindern schnell erwachsen werden, ohne ausreichend Zeit zum Spiel und zur Entwicklung ihrer Fähigkeiten zu haben.

Ein Junge, dessen Eltern Weinbauern waren, berichtete: „Ich musste ab 1884, da war ich drei Jahre alt, barfuss auf den Anger laufen, um die Gänse auf die Weide zu bringen. Bis abends blieb ich mit den Gänsen draußen. Das war schön im Sommer unter den großen Weiden. Aber das heiße Pflaster glühte unter meinen nackten Füßen, denn ich hatte keine Schuhe. Als ich älter wurde, musste ich im Weinberg mithelfen. Zur Schule bin ich nur drei Monate gegangen. Als ich acht Jahre alt war, wurde ich im Nachbardorf an den Klempner verdingt. Ich war mit den Händen sehr geschickt. Mein Vater entließ mich von zu Hause mit den Worten: ‚Und wenn sie Holz auf dir hacken, du hast dort zu bleiben.' Wir sagten noch ‚Herr Vater' und ‚Frau Mutter' und die Anrede war mit ‚Sie'. Ich lernte Dächer zu reparieren, Dachrinnen zu formen und die Ausstechförmchen für das Weihnachtsgebäck zu biegen. Später ging ich nach Berlin, machte meinen Klempner- und meinen Elektrikermeister und baute mir ein eigenes Geschäft auf." (Aus den Erinnerungen von Karl Keller, 1881–1964)

Ein 1887 geborenes Mädchen, dessen Eltern aus dem handwerklichen Kleinbürgertum kamen, erzählte: „Als sechstes Kind musste ich in einem Kommodenschubfach schlafen. Von den älteren Geschwistern bekam ich die abgelegten Schuhe. Damit diese länger hielten, musste ich die Schuhe einmal links und einmal rechts tragen. Obwohl begabt, ging ich nach der Volksschule mit dreizehn Jahren bei einem Bäcker in Stellung. Das war im Jahr 1900 ein gutes

Ereignis, denn man musste froh sein, überhaupt eine Arbeit gefunden zu haben. Die Eltern freuten sich, einen Esser weniger in der elfköpfigen Familie zu haben, denn der Vater war meist arbeitslos, die Mutter ging putzen, wenn es der Haushalt zuließ. Ich arbeitete als dreizehnjährige von fünf Uhr in der Früh bis abends. Da ich minderjährig war, hatte ich nur einmal im Monat Ausgang. Mein Monatslohn betrug fünf Reichsmark." (aus: Genth, Als Herrle und Fräle noch jung waren, S. 3 f.)

Erst Pädagogen wie Christian Gotthilf Salzmann, Johann Heinrich Pestalozzi und Friedrich Fröbel schufen im ausgehenden 18. und beginnenden 19. Jahrhundert die theoretischen und praktischen Grundlagen für die elementare Bildung der Kinder und erkannten den Wert des Spielens. Vor allem Fröbel, der 1840 in Bad Blankenburg den ersten Kindergarten eröffnete, räumte dem Spiel einen wichtigen Platz im Kinderalltag ein und schuf die bis heute bekannten pädagogischen Grundformen Kugel, Zylinder und Würfel. Ziel der Pädagogen war es, die intellektuellen, sittlich-religiösen und handwerklichen Anlagen der Kinder allseitig und harmonisch zu fördern.

Spielzeug dient jedoch nicht nur dem reinen Zeitvertreib, sondern hatte immer auch einen erzieherischen Effekt, da mit ihm bestimmte Vorgänge des Erwachsenen-Alltags nachgeahmt und nachgespielt werden. Seit jeher wurde es geschlechtsspezifisch ausgewählt, spiegelten sich die gesellschaftliche Ordnung und auch politische Orientierungen in seiner Auswahl wider: Mädchen wurden traditionell mit Puppen auf ihre künftige Rolle als Mutter und mit Textil- und Schmuckarbeiten auf ihre gewünschte Funktion als Hüterin der häuslichen Ordnung vorbereitet, Jungen hingegen bekamen vor allem Pferde und später Autos, Soldaten und technisch orientiertes Spielzeug geschenkt. Bis heute prägt Spielzeug – dessen Vielfalt mittlerweile schier unüberschaubar ist – in entscheidendem Maße die sozialen Fähigkeiten, Interessen und Fertigkeiten der Kinder.

Seit der Erfindung der Fotografie im 19. Jahrhundert gehören Bilder von Kindern mit ihrem Spielzeug zu den beliebtesten Fotomotiven überhaupt. In den ersten Jahrzehnten der Fotografie war die Technik noch sehr teuer und Eltern mussten mit ihren Sprösslingen in ein Fotoatelier gehen. Aufgrund der früher sehr hohen Kindersterblichkeit wurden Kinder selten vor Erreichen ihres ersten Geburtstages fotografiert: Die Eltern wollten sicher sein, dass ihr Kind „aus dem Gröbsten heraus" war, ehe sie ein Erinnerungsbild anfertigen ließen. Ab 1900 gab es zunehmend auch in privaten Haushalten Fotoapparate und wurden häufiger Bilder von den Kindern angefertigt. Und seit den 1950er-Jahren sind bei uns weder Spielzeug noch Fotoapparate ein Privileg reicher Eltern und werden täglich wohl unzählige Bilder von Kindern mit ihrem jeweils aktuellen Spielzeug zur Erinnerung gemacht.

Der vorliegende Bildband möchte anhand ausgewählter, zumeist aus Privatbesitz stammender Fotografien zeigen, welche Spielzeuge im Verlauf der letzten rund 100 Jahre in Deutschland populär waren und wie Mädchen und Jungen mit ihnen dargestellt wurden. Die Bilder veranschaulichen dabei auch die Lebensumstände der Kinder zu verschiedenen Zeiten und laden den Leser ein, sich an die eigene Kindheit und die Lieblingsspielzeuge zu erinnern.

1

Puppen

Bis weit in das 20. Jahrhundert hinein waren teure, aufwändig gestaltete Puppen (z.B. aus Porzellan oder Zelluloid) den Kindern reicher Eltern vorbehalten. Kinder aus den ärmeren Schichten mussten zwar bei der Herstellung der Puppen helfen (z.B. beim Stampfen der Papiermasse für die Massekörperpuppen), durften aber nicht damit spielen. Viele Mütter und Großmütter nähten ihnen daher aus Stoffresten eine Lumpenpuppe. Ein Kopf in Kombination mit einem „Kullertuch" zum Tränenabwischen oder Naseputzen war dafür oft üblich. Doch egal, aus welchen Materialien Puppen auch gestaltet sind, sie waren und sind stets mehr als nur Objekte zum Einüben der Mutterrolle. Sie sind vor allem Vertraute, die trösten, zuhören, Sicherheit und Geborgenheit vermitteln, Ängste abbauen und ihre Besitzerinnen oft über viele Jahre begleiten.

Links: Ein Hamburger Arzt ließ 1870 seine sechs Kinder (hier die Zweitjüngste) neu eingekleidet fotografieren. Puppe und Puppenwagen waren indes Dekorationsobjekte des Fotografen. Rechts: Frida verlor als sehr kleines Kind ihre Eltern und wuchs in der Familie einer Tante auf. Sie hält sich locker am Stuhl fest, aber die Porzellanpuppe ist kein Bezugsobjekt. (1888)

Für dieses Mädchen ist der Puppenwagen Hilfe, um still stehen zu können. Die Puppe ist kaum sichtbar und die gehäkelte Wagendecke wird als Kompositionseffekt genutzt, um das strenge, dunkle Seidenkleid des Kindes „aufzuheitern". (um 1890)

Links: Für den winterlichen Spaziergang mit Pelzmuff und Pelzschal fein gemacht, hält sich dieses Mädchen am Puppenstubenwagen fest, während sie im Rücken von der bemalten Mauer gestützt wird (1889). Rechts: Der Wagen in Kindergröße; auf dem Brettchen konnte gespielt oder einfach nur „aufgepatscht" werden. (1895)

Hier gehören Kind und Puppe zusammen: Sonntäglich herausgeputzt ist dieses Mädchen, während ihre Puppe ein Kleid aus karierter Waschbaumwolle trägt, das dem Alltagskleid des Mädchens entsprechen dürfte. (1890)

Der Puppenwagen des Fotografen steht leer hinter dieser Kleinen und hat nur Stützfunktion. Das Mädchen schaut verängstigt bis böse – das Fotografiertwerden versetzt es wohl in Angst und Schrecken. (1895)

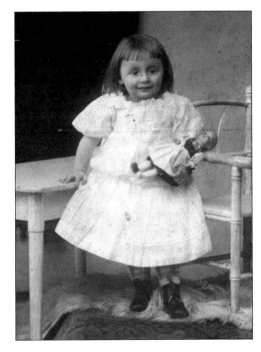

1920: Der Tisch und die Armlehne des Stuhls bilden die Stützen für dieses kleine Mädchen, das tapfer zu lächeln versucht. Aufgrund des voluminösen Windelpakets und der Unterröcke wirkt es etwas dicklich.

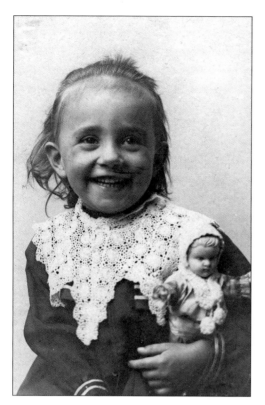

Nachdem die britische Königin Victoria ihrem Lieblingsenkel, dem späteren deutschen Kaiser Wilhelm II., als Dreijährigem einen englischen Matrosenanzug geschenkt hatte, traten diese Anzüge ab den 1890er-Jahren auch in Deutschland ihren Siegenszug an. Dieses Mädchen trägt über dem Matrosenkragen noch einen großen, fein gehäkelten Spitzenkragen und hat eine Zelluloidpuppe mit modelliertem Haar im Arm (1892). Neben dem Biskuitporzellan wurde das 1869 von den Gebrüdern Hyatt in New York erfundene Zelluloid ab 1880 das meistverwendete Material in der Puppenindustrie.

Im Jahre 1870 sitzt diese Mutter im Hof am Tisch und repariert Bettzeug, während ihre Tochter etwas eingeengt im Spieltischchen sitzt – eine Puppe und ein Getränk vor sich.

Im österreichischen Exil entstand 1890 dieses Foto von Prinzessin Thyra von Dänemark (1853–1933, seit 1878 mit Kronprinz Ernst August von Hannover verheiratet) und ihren Kindern. Auch hier durfte etwas Spielzeug nicht fehlen: Dem Jungen links außen wurde ein Diskus in die Hand gegeben, während seine Schwester ganz rechts eine Puppe im Arm halten durfte.

13

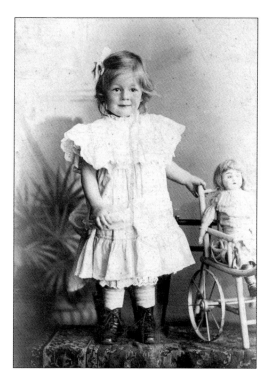

1905 entstand dieses Foto, auf dem Mädchen und Puppe zusammengehören. Hinter den Füßen des Kindes sieht man die Holzbeine einer Sitzvorrichtung, an der sich die Kleine abstützen konnte. Mit der linken Hand hielt sie sich an der Lehne des Stubenwagens fest und konnte so trotz des langen Stillstehens ein Lächeln zaubern.

Um eine hübsche Porzellanpuppe, die in einem blühenden Busch steckt, gruppieren sich 1919 Männer, Frauen und Kinder. Da die Mütter die jeweils zur Puppe gerichtete Hand ihres Kindes festhalten, hat man den Eindruck, jedes der Kinder würde gern die begehrte Puppe anfassen.

Atti und Carla, sonntäglich fein angezogen, mit ihrer Puppe im Jahre 1908. An den Füßen der Kinder kann man noch die Beine der Stützkonstruktion erkennen, die vom Fotografen bei der Retusche übersehen wurden.

1909: Das kleine Brüderchen liegt in der Wiege und der „Große" zeigt ihm seinen heiß geliebten Stoffhasen. Auf der Paradedecke der Wiege liegt das Stoffpüppchen des Kleinen. (vergleiche Seite 45 oben)

Auf dem breiten Bürgersteig einer Straße in Berlin-Neukölln haben sich 1912 diese vier Mädchen häuslich niedergelassen. Der Tisch ist mit Blumen geschmückt und die Puppenmütter versorgen ihre Puppenkinder ganz so, wie sie es in der Familie vorgemacht bekommen.

Unter einem Regenschirm haben diese beiden 1910 ihre eigene kleine Welt aufgebaut. Der Junge, ganz der Papa, hat sein Pfeifchen im Mund, das Mädchen, in der Rolle der Mutter, hält das Püppchen (möglicherweise das sogenannte Kaiserbaby von Schildkröt) im Arm.

Der „Vater" hat sich 1930 zum Ausruhen hingelegt und bewacht das jüngste Kind, das nuckelnd dasitzt. Eine Holzkiste trennt das „Schlafzimmer" von den beiden „Müttern", die ihren Puppenkindern das Laufen beibringen.

Zwei Jungen und zwei Mädchen haben sich 1912 im Garten getroffen, schauen ein Bilderbuch an, bzw. spielen mit ihren Puppen. Die Kinder tragen sogenannte Reformkleidung: Der Junge links außen trägt über der kurzen Hose ein loses Hängerchen mit asymmetrischer Kragendekoration. An den legeren Schürzen der anderen Kinder fallen die breiten Schmuckbänder auf.

Lilott, die jüngere der beiden Schwestern, hat 1914 die feinen Puppen der großen Schwester im Arm. Sie wollte sich nicht mit den alten eigenen Puppen fotografieren lassen, die nun die große Schwester hält. Diese trägt ein Matrosenkleid mit weißem Kragen und kurzen Ärmeln ohne Rangstreifen.

1917 hat Lilott ihre eigenen Püppchen im Stubenwagen. Interessant ist der Strohhut, der auf beiden Seiten mit doppelten Schleifen verziert wurde: Es sieht so aus, als habe man ihn mit Blüten dekoriert, wie man es in der Damenmode mit großen Seidenblumen tat.

„Bübchen spielt Chirurg": 1916 sitzt dieser kleine Junge im elterlichen Schlafzimmer auf den Tagesdecken und spielt. Hinter ihm kann man das zeittypische Waschgeschirr – eine große Porzellanschüssel und die dazugehörige Wasserkanne – erkennen, denn noch gab es kein fließendes Wasser in den Wohnungen.

Diese Mädchen – Schwestern und Freundin – gehen 1923 mit dem Puppenwagen spazieren, über dem eine gestickte Paradedecke ausgebreitet ist. Alle drei tragen Matrosenkleidvariationen.

Ein achtjähriges Mädchen im weißen Sonntagskleid sitzt 1920 mit ihrer Puppe vor der geschnitzten Tür. Sie hat der Puppe, die ein Charleston-Kleid nach der neuesten Mode anhat, vielleicht selbst das Haar geschnitten, damit diese wie ihre Puppenmutter einen Bubikopf bekommt.

Im Kinderzimmer sitzen die Geschwister 1924 an ihrem Spieltisch. Auf dem Tisch und um sie herum sind alle Spielzeugherrlichkeiten aufgebaut: Puppe und Bauklötze, Pferd und Hund, Elefant und großes Schaukelpferd – es ist alles vorhanden, was ein Kinderherz erfreut.

Das aufgrund der recht langen Belichtungszeiten notwendige Stillsitzen oder -stehen für ein Foto fiel den Kindern oft nicht leicht, wie dieses Bild von 1926 beweist: Das jüngste Kind im Spielstuhl und auch der Bruder hatten sich während der Aufnahme bewegt, lediglich die große Schwester mit ihrer Lieblingspuppe hielt still.

Verwandte in Hanau schenkten diesem Mädchen bei einem Besuch eine Käthe-Kruse-Puppe. Diese musste jedoch in Hanau bleiben, und das Kind durfte nur mit ihr spielen, wenn es wieder zu Besuch dort war. Das Foto entstand 1926.

Um 1896: Die Mütter kommen aus dem Gottesdienst, sie haben ihr Gesangbuch noch in der Hand; die Mädchen (mit feinen Sonntagsschürzen über dem Sonntagskleid) holen sie mit Puppen und Puppenwagen ab. In vielen Familien durfte nur sonntags mit den teuren und zerbrechlichen Porzellanpuppen gespielt werden.

Das Wohnzimmer, die „gute Stube", war für Kinder zum Spielen tabu. Aber für dieses 1934 entstandene Foto wurde eine Ausnahme gemacht: Stolz zeigen die Mädchen ihre Puppenschätze, und auch der Junge möchte natürlich mit aufs Bild.

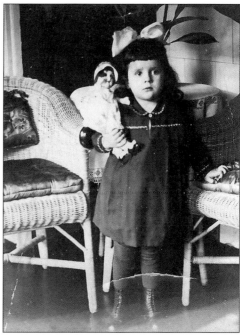

Links: Der Vater fotografierte 1927 die drei Geschwister. Die große Puppe war der ganze Stolz des Mädchens und musste natürlich mit aufs Bild, die Brüder wirkten eher missmutig. Erinnerungen zu dem 1930 entstandenen Bild rechts: „Die Puppe ist meine Jule, sie war aus Porzellan. Meine Jule musste mich trösten, als ich meinen heiß geliebten Teddy ‚Karlemann' verlor. Er war so schön weich …".

1939 hatte die geschickte Mutter ihre Tochter und deren Puppe im Partnerlook eingekleidet.

1938: Fein gemacht zur Ausfahrt mit den beiden Schildkröt-Puppen. Die linke hat noch gemalte Augen, die rechte bereits Glasaugen, die jedoch leichter eingedrückt wurden und dann repariert werden mussten.

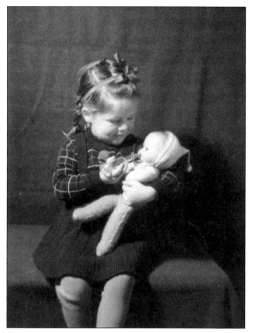

Zur Erinnerungen an die Lieben zu Hause wurden deren Fotos auch mit in den Krieg genommen. Ein Vater hatte 1941 seine kleine Tochter beim Spielen fotografiert und die Bilder begleiteten ihn in einem Album an die Front.

Mit Schildkröt-Puppe und Stehauf-Clown 1937 vor Vaters neuem Auto. Die Stehauf-Figuren wurden aus Filz hergestellt (z.B. Humpty Dumpty von Margarete Steiff 1910) oder auch aus Metall und Plastik.

1941 wurde dieser kleine Junge, der seine Puppe an sich drückt, im Bild festgehalten. Autos und anderes technisches Spielzeug waren noch sehr teuer und Kinder erhielten oft das alte Spielzeug von Verwandten.

Als der Onkel 1942 auf Fronturlaub zu Hause ist, lassen sich Schwägerin und Nichte mit ihm fotografieren. Die zärtliche Puppenmutter lässt sich indes nicht von ihrem Spielzeug ablenken, ...

... denn die Schildkröt-Puppe im neu gehäkelten Kleid ist ihr viel wichtiger als die Aufforderungen des Fotografen, in die Kamera zu blicken.

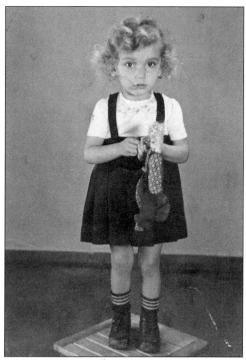

Links: Nach den im Krieg erlittenen Verlusten und ausgestandenen Ängsten konnten Kinder im Sommer 1945 endlich wieder unbeschwert spielen. Rechts: Innig geliebtes Spielzeug dieses Mädchens ist 1948 der selbst gemachte Stoffclown. In den ersten Nachkriegsjahren herrschte in den meisten Kinderzimmern Mangel an geeignetem Spielzeug und so wurde vieles selbst gebastelt.

Der Winter 1946/47 war einer der kältesten und längsten. Im März lag immer noch Schnee. Die Puppe der beiden Mädchen stammt aus einem Care-Paket und ist aus Gummi. Zwar waren dieses Puppen sehr weich zum Anfassen, aber leider nicht sehr haltbar: Schon nach kurzer Zeit fingen sie an zu kleben.

Mit sechs Jahren erhielt dieses Mädchen 1940 den heiß ersehnten Puppenwagen, ein Sportmodell mit Speichenrädern, Riemenfederung und Peddigrohr. Jetzt konnte Ursula (das Modell „Inge" von Schildkröt) spazieren gefahren werden.

Dieses Postkartenfoto von 1943 zeigt ein Mädchen mit seiner Charakter-Puppe im Strickkleid. Für viele Kinder waren Bilder die einzigen Erinnerungen an die geliebten Spielzeuge, die im Krieg verloren gingen.

Nach der Flucht war diese Familie vom Land in die Großstadt Frankfurt/Main gezogen. Die Umstellung fiel den Geschwistern schwer, deshalb suchten sie Trost und hielten das vertraute Spielzeug fest im Arm. (1949)

1950 wurden diese ernsten Drei an der Schaukel fotografiert. Das Mädchen in der Mitte hat seine Käthe-Kruse-Puppe auf dem Schoß platziert, während der Junge rechts ebenfalls eine Puppe im Arm hält. Ab den 1950er-Jahren war es nicht mehr so ungewöhnlich, wenn auch Jungen mit Puppen spielten, während sich Mädchen für das bislang Jungen vorbehaltene technische Spielzeug interessieren durften.

Dieses Foto entstand 1953 im Kindergarten nach dem Mittagsschlaf: Stolz und noch ein bisschen müde zeigt Annelore ihren Puppenkorbwagen – das Verdeck ist heruntergeklappt, damit man ihr Schildkröt-Baby „Peterle" sieht.

Auch in den 1950er-Jahren trugen Mädchen
weiterhin Schürzen über der Kleidung ...

... wie sie auch die Hausfrauen trugen. Die bisher
übliche Unterscheidung zwischen „Sonntagsstaat" und Alltagskleidung ging nur allmählich
verloren. (1954)

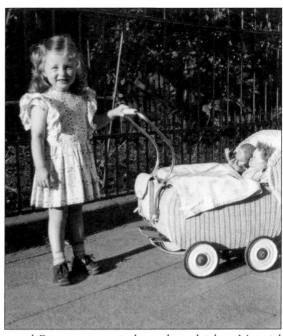

Wie die Wagen sich ähneln: Kinderwagen und Puppenwagen sind aus dem gleichen Material und haben oft auch die gleiche Bauart. (1956)

Einige Zeit vor Weihnachten verschwand die alte Puppe und lag dann neu eingekleidet unter dem Weihnachtsbaum. Der neue Teddy fand da kaum Beachtung. (1955)

Die Mädchen sind noch mit Sonntags-schleife fein gemacht, aber die Kleidung ist 1957 schon legerer geworden. Das Hündchen ist ein Stoffhund.

Vor der Haustür trafen sich 1962 diese Mädchen aus der Nachbarschaft zum Puppenspielen. Die früher obligatorischen Schürzen sind verschwunden, und Mädchen dürfen jetzt auch Shorts und Hosen tragen.

Mit Kinderfahrrad und Roller sind diese beiden 1964 hinausgefahren, um „Vater, Mutter, Kind" zu spielen. Der Junge trägt die heiß geliebte Lederhose – ein unverwüstliches Kleidungsstück der Freiheit.

Im Schatten des großen Apfelbaumes wird für die Schildkröt-Puppe ein neues Kleidchen genäht. Oft half die Mutter natürlich, aber „was man so selbst hinschaffte, war natürlich besser". Im Vordergrund der moderne, chromblitzende Puppenwagen. (1964)

1972: Bei Regenwetter wurde im Flur gespielt; dort konnte man den Stubenwagen (im Hintergrund) entlang rollen und die Puppen neu einkleiden. Die Kleidungskiste war ein ausrangiertes Nähkästchen.

Aus dem Jahr 1980 stammt diese Aufnahme: Der kleine Junge füttert seine Püppi, während die Mutter die kleine Schwester versorgt.

1983: Der Turm aus „duplo"-Steinen ist gebaut, nun wird die Puppe versorgt. Die Puppen haben jetzt weiche, mit synthetischem Vlies gefüllte Körper.

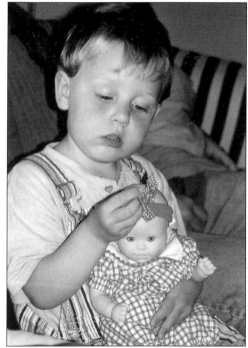

1999 haben Mädchen schon längst keine Schleifen mehr im Haar, sie tragen Hosen und kurzes Haar. Für die Puppe aber ist das Band mit Schleife gerade wieder modern geworden.

2

Holzreifen, Ball & Co.

Spielzeugklassiker, die es schon seit Jahrtausenden auf der ganzen Welt gibt, sind Reifen, Bälle, Kreisel und Seile. Sie dienten (und dienen) jedoch nicht nur ausschließlich dem Spiel, sondern vor allem der Förderung der Geschicklichkeit, der Verbesserung der Koordination und dem Sport. Schon die Indianer im präkolumbischen Amerika übten Speewurf und Bogenschießen durch sich bewegende Holzreifen, die antiken Griechen legten in ihren Palästen eigene Ballspielräume an, und der Arzt Hippokrates verordnete seinen Patienten mit schwacher Konstitution das „Reifentreiben" zur Wiederherstellung der Gesundheit. Im 19. und beginnenden 20. Jahrhundert waren Holzreifen bei Jungen wie Mädchen gleichermaßen beliebt, und in den zahlreichen Turn- und Sportvereinen wurden alle Arten von Ballspielen geübt. Nach einer erneuten Hoch-Zeit als Hula-Hoop-Reifen in den 1960er-Jahren ist der Reifen heute ein eher seltenes Spielzeug, während Bälle aus keinem Kinderzimmer wegzudenken sind.

Frühling 1926: Endlich wieder draußen spielen können! Die Bäume sind zwar noch kahl, aber die Sonne scheint schon warm. Nun werden die Puppen ausgeführt und auch der Holzreifen herausgeholt.

Nah an der Wand steht dieser Junge mit seinem großem, farbig bemalten Holzreifen. Um diesen wackelfrei halten zu können, befindet sich links ein kleines Holzpodest – und auch die linke große Zehe hilft mit. (1903)

Die wappengeschmückte (Papp-)Säule und der Spielreif als Dekorationsobjekte suggerieren eine Gartenaufnahme und sollen die höhere gesellschaftliche Stellung des Jungen unterstreichen. (1908)

Ebenfalls im Studio entstand 1911 dieses Bild des kleinen Ernstchens, der sich an der Bank anlehnen darf. Doch soll der für ihn viel zu große Tennisschläger betonen, dass er noch ein sehr kleines Bürschchen war?

Drei Schwestern aus den „besseren Kreisen" posieren 1894 in ihren bänder- und rüschengeschmückten Sonntagskleidern. Da diese eher ungeeignet für sportliche Betätigung sind, stehen Tennisschläger, Holzreifen und Ball symbolisch für ihre und ihrer Eltern Stellung in der Gesellschaft. Solche Fotos wurden – auch aus Renommeegründen – gern als Postkarten an Verwandte und Freunde verschickt.

Obwohl sich dieses kleine Mädchen an der Lehne festhalten konnte, hat es wohl den Kopf bewegt und der Fotograf musste Augen und Haar retuschieren. (1912)

1922: Inzwischen haben auch die Mädchen den Holzreifen als Spielzeug erobert. Die Korallenkette ist zum Rennen zwar ungeeignet, passt aber gut zum Fotografieren.

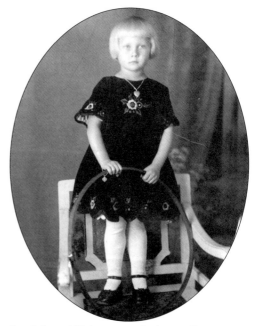

Else und Willi 1903 in ihren dicken Wollwintermänteln. Das Mädchen sehnt sich vielleicht danach, dem Ball in ihrer Hand hinterher rennen zu können.

Im Jahre 1924 entstand dieses Foto eines Mädchens mit sonntäglichem Samtkleid und einem Holzreifen.

Von einem Fotografen, der von Haus zu Haus zog, um Familienfotos zu machen, wurden 1939 diese zwei Geschwister im Sonntagsstaat, mit den neuen Schuhen und mit ihrem Lieblingsspielzeug auf der heimischen Chaiselongue abgelichtet.

Um 1900 ließ man sich von den Wanderfotografen gern so ablichten: Die Familienmitglieder versammeln sich vor dem Haus oder schauen aus den Fenstern.

1939 hatte der Fotograf diese reizvolle Komposition aus Blumenstrauß, Kind mit Ball und Nachzieh-Pferdchen zusammengestellt.

Im Sommer 1945 herrschte endlich wieder Frieden, doch auf Spielzeug mussten viele Kinder noch lange warten. Da der alte Ball an einem Stacheldrahtzaun hängen geblieben und ihm die Luft ausgegangen war, musste ein neuer selbst gebastelt werden – aus einem Strohballen mit Silberpapier und einem Netz darüber. Solche Bälle wurden noch bis Mitte der 1950er-Jahre auf Jahrmärkten verkauft.

Die erste Urlaubsfahrt nach dem Krieg ging für diese Familie 1955 ans Meer nach Wilhelmshaven. Unglaublich, dass tatsächlich alle in den VW Käfer passten. 1955 feierten die Wolfsburger Autobauer eine Million verkaufte Exemplare.

Im Jahre 1958 entstand dieses Foto: Eigentlich wollten die Kinder mit dem Ball spielen, aber dann waren die Gräser und Blumen doch viel interessanter.

Ein Kindergartenfoto von 1958, wie es seinerzeit üblich war: Das Kind war eher Beiwerk, denn der Kindergarten wollte zeigen, wie viel Spielzeug er zur Verfügung hatte. Viele solcher Bilder zeigen daher eher ängstliche Kinder, die sich sichtlich unwohl fühlen.

Für dieses Mädchen war es ganz klar, dass es beim Fotografen nach dem Ball griff. Denn ob Sommer oder Winter, sie spielte immer mit dem Ball. (1968)

2004: Julian „ditscht" den Ball. Aufgrund des starken Autoverkehrs ist Ballspielen auf der Straße heute nur noch in kleinen Siedlungs- oder Spielstraßen möglich.

3

Teddybären und andere Stofftiere

Schon vor Margarete Steiffs legendärem „Elefäntle" von 1880 gab es in vielen Familien selbst genähte Stofftiere. Oft waren sie aus Pelzresten z.B. alter Mäntel zusammengesetzt und nach Schnitten der Zeitschrift „Modewelt" gestaltet. Steiff kannte auch diese Schnitte, nutzte aber weichen Filzstoff für ihren „Elefäntle". Dieser kam so gut an, dass ihm bald weitere weich gestopfte Stofftiere folgten und Steiff-Tiere weltweit beliebt wurden. Margaretes Neffe Richard wollte ein Schmusetier für Jungen schaffen und entwarf, seiner eigenen Vorliebe folgend, einen Bären. Er hatte erkannt, „dass Jungen in einer Zeit, in der der Militarismus und stereotype männliche Tugenden gefeiert wurden, etwas Weiches zum Liebhaben brauchten, wenn sie sich einsam und unverstanden fühlten". Ab 1903 eroberte der Steiff-Teddybär die Welt. Bis heute sind seine zahllosen Nachfolger – ob industriell hergestellt oder noch immer selbst genäht – ebenso wie die zahlreichen anderen Kuscheltiere nicht aus den Kinderzimmern wegzudenken.

Links: Neben dem Mädchen steht ein aus echtem Pelz gestalteter Pudel, ein Nachziehtier. (um 1870) Rechts: Else war das jüngste von einst fünf Kindern. Ihre Mutter und Geschwister starben 1882 in Berlin bei einer Typhusepidemie. 1884 entstand dieses Foto mit ihrem Spitz.

Bei diesem 1886 entstandenen Bild ging der Fotograf auf die Gefühle des Kindes ein und ermöglichte es, dass das Mädchen mit dem kleinen Finger der rechten Hand Streichelkontakt mit dem Hund hat. In dem schweren sonntäglichen Samtkleid mit engen Stulpenärmeln, die erst am Oberarm zu weiten Puffärmeln werden, konnte es sich kaum bewegen.

Im feinen Unterkleid sitzt dieses Mädchen 1890 auf einem Schaffell. Es hat eine Stoffpuppe an der rechten Hand und ein gestricktes Wolltier vor dem linken Bein. Die linke Schulter ist sichtbar, rund und babyhaft, aber vom Fotografen für das Bild gestellt wie eine reizvolle Damenschulter.

Diese Familie hatte 1908 einen der ersten Fotoapparate der Stadt und konnte seinen Sprössling selbst im Bild festhalten. Der Kleine im Babykleid will nach seinem Spielhasen greifen, aber der Vater behält ihn in der Hand und wackelt mit ihm, damit der Kleine den Kopf ruhig hält und ein scharfes Foto entstehen kann.

1914 wurde diese Großmutter mit ihrer Enkelin im Hof fotografiert. Da beide aus einer Kürschnerfamilie stammen, ist der Stoffbär natürlich aus Pelzresten selbst gemacht.

1903 wurde dieses Mädchen mit ihrem Affen im Bild festgehalten. Das Tier ist selbst gebastelt; die Affen der Firma Steiff hatten damals abgesteppte Filzhände und -füße.

Mit ihrem Hund und einem großen Korb voller Lebensmittel stand Lilott 1915 als Rotkäppchen Modell vor einer bemalten Leinwand, die die Illusion des Waldes erzeugt.

Dieser einjährige Junge hält für das Foto die Schnur eines Nachziehpferdchens in der Hand. Das Pferd ist mit Fell überzogen und hat Zaumzeug aus Leder. Damit es nicht wackelt, steht es auf einem Bilderbuch. (1913)

Dieses eher ungewöhnliche Motiv entstand 1917: Ein Mädchen hält einen Hund und ein Pferd (beide mit echtem Fell überzogen) fest. Möglicherweise hatte der Fotograf gerade keine Puppe zur Hand und gab ihm deshalb die eher für Jungen typischen Tiere in die Hand.

1919 haben sich diese Kinder mit ihrer Mutter ein „Paradiesgärtchen" oder einen Zoo mit all ihren Tieren aufgebaut. Schon seit dem Mittelalter sind Tierzusammenstellungen zum Spielen sehr beliebt.

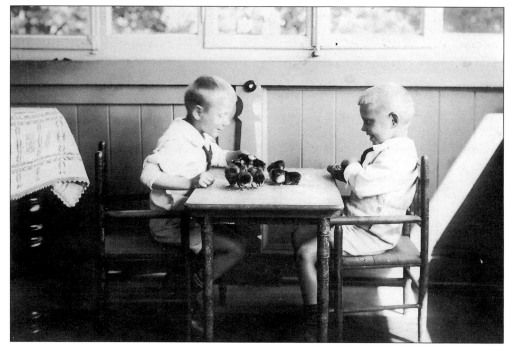

Ostern 1919 sind gerade die Kücken geschlüpft. Früher war es oft üblich, in der Zeit vor Ostern Eier vom Bauern zu besorgen und zu beobachten, wie die Küken schlüpften. Nachdem die Kinder dieses Wunder des Lebens erlebt hatten, wurden die Kücken dem Bauern zurückgebracht.

Diese beiden Jungen füttern 1913 ihren Elefanten mit Eichenlaub. Die kreative Mutter hatte das Tier genäht und der geschickte Vater das Gestell gebastelt. Um 1919 brachte die Firma Steiff einen großen Elefanten auf Rädern auf den Markt.

Dieser zweijährige Junge steht 1927 in der Wohnküche vor einem Stuhl und „kocht" Kaffee im Blechgeschirr der Puppenküche. Sein Teddybär wartet derweil im Ringelanzug.

Berlin 1931: Vor einer mit Blechschildern geschmückten Reklamewand sitzt ein kleines Mädchen mit seinem Puppenwagen auf der Straße. In der linken Hand hält es ein Marmeladebrot und lässt es sich sichtbar gut schmecken.

Diesen Schwestern wurden für die Aufnahme Blumensträußchen in die Hände gegeben und ein pudelähnlicher Stoffhund zur Seite gestellt. Die Kleider der Mädchen sind veränderte und neu entworfene Matrosenkleider. Die „Rangzeichen" an den Ärmeln sind über die ganzen Stulpen schräg nach oben gezogen, während die weißen Knöpfe am Kragen und im Vorderteil zusätzlich schmückende Akzente setzen. (1922)

Glücklicher Besitzer von viel Spielzeug ist dieser Junge im Jahre 1935. Auf seinem Kinderstuhl sitzt unter anderem eine Mohrenpuppe der renommierten Firma Schildkröt, die 1873 in Mannheim gegründet wurde und bis heute existiert.

1939 wurde dieses Mädchen mit Schleife und Sonntagskleid im Bild festgehalten. In den Händen hält es eine mechanische Katze zum Aufziehen, die mit dem Pfötchen winken kann und dem Fotografen gehört.

1937 fein gemacht für die Ausfahrt im Kinderwagen. Mit dabei der beliebte „Foxl" von Steiff, der bis heute in vielen Familien in Ehren gehalten wird. Das Steiff-Markenzeichen, der metallene Knopf im Ohr mit Fahne, wurde 1904 von Franz Steiff erfunden.

Der neue Löwe von Steiff musste beim Fototermin 1938 natürlich mit im Gras sitzen. In den Kriegswirren ging das Tier später verloren.

Alle paar Tage machten die Eltern einen Spaziergang zur Schafherde und das Kind freundete sich mit dem Hütehund an, der im Kriegsjahr 1941 zum geduldigen Spielgefährten wurde.

Links: Da ihre Familie ausgebombt wurde, fand dieses Mädchen im Garten der Großeltern Unterkunft, wo 1945 dieses Foto entstand. Mit Bauklötzchen, Bilderbuch und Elefant war die kindliche Welt in Ordnung. Rechts: 1945 lernte der Junge seinen Vater kennen – der Wackeldackel der Firma Dressel Spielwaren Zwickau half, das Eis zu brechen.

Ob abgeliebter Teddy oder bestoßene Puppe: Auch in schweren Zeiten waren Kinder mit ihrem Spielzeug glücklich. Dieses Bild entstand im ersten Nachkriegsjahr 1946.

Die „gute Stube" ist nicht mehr tabu und Kinder dürfen nun auch im Wohnzimmer spielen. Eine Decke schützt das Sofa und Harry, Heidemarie, Monika und Annelore haben 1957 Freude an ihren Puppen und Plüschtieren.

Als Sonntagsvergnügen wurde 1964 eine Rheinfahrt gemacht. Beim Warten auf das Schiff schleckten die Kinder ein Eis und „Brummi" wurde für einen Moment zur Nebensache.

Ein kuscheliger Steiff-Bär liegt 1966 in den Armen dieses Mädchens. „Zotty" war aus karamelfarben gespitztem Mohair hergestellt.

Im Sonntagskleid (Mini-Mode) mit Strumpfhosen ging es 1970 zum Fotografen. In den Händen hält das Mädchen seinen Mecki. Der schlaue Igel wurde ab 1937 durch die Kurzfilme von Diehl Film bekannt und erhielt 1949 seinen Namen von der Zeitschrift „Hör zu", welche über Jahre wöchentliche Fortsetzungsgeschichten mit dem Maskottchen abdruckte. Die Firma Steiff fertigte ab 1951 die heiß begehrten Plüschtiere.

Auch 1982 wurden Kinderfotos gern im Studio des Fotografen gemacht. Durch die kurze Belichtungszeit entstand hier ein einfühlsames Bild. Das Plüschtier des Mädchens rechts ist ein „Kuschelwuschel", eines der ersten Objekte der Firma Sigikid aus Furth im Wald.

Sarah hatte zu Weihnachten 1985 ihren ersehnten Schlumpf bekommen und freute sich riesig. Seit den 1950er-Jahren erobern zunehmend Fantasiefiguren und Comicgestalten als Plüschfiguren die Kinderherzen.

2001: Lebensgroße Plüschfiguren, in denen ein Mensch steckt, werden zu Werbezwecken auf die Reise geschickt. Die Kinder kennen die Figuren aus der „Sesamstraße" und sind stolz, mit ihnen fotografiert zu werden.

Die Firma Steiff stellte 1987 zur documenta 8 einen dreiköpfigen Riesenbären namens „Godbaer“ her. Die Kinder liebten den vom Künstler Charlemagne Palestine entworfenen vierarmigen und vierbeinigen Bären innig, doch Regen und das Herumklettern auf ihm machten nach der Kunstausstellung Reparaturen an dem riesigen Kuscheltier erforderlich.

4

Technisches Spielzeug und Baukästen

*In der ersten Hälfte des 19. Jahrhunderts entwickelte der Pädagoge Friedrich Fröbel seine „Baugaben"
für Kinder. Mit ganzen und geteilten Würfeln, Walzen und Kugeln konnten diese fortan schöpferisch
tätig werden, Formen bilden und deren immer neue Beziehungen untereinander entdecken. Diese
„Fröbelgaben" waren Wegbereiter für alle nachfolgenden Baukästen. Gustav Lilienthal entwickelte so
Ende des 19. Jahrhunderts u.a. die Formsteine, mit denen die berühmten „Anker-Baukästen" bestückt
wurden, sowie den sogenannten Modellbaukasten, der zum Vorbild aller Stabilbaukästen aus Holz und
Metall wurde. Generationen späterer Ingenieure erlernten mit diesen überaus beliebten Kästen erste
Montagetechniken und bekamen so ein technisches Grundverständnis. Die rasanten Entwicklungen
u.a. der Verkehrstechnik (Fahrrad, Eisenbahn, Automobil, Dampf- und später Motorschiff, Flugzeug)
spiegelten sich auch in den Spielzeugen wider, mit denen Kinder an die neuesten technischen Erfindungen
herangeführt wurden und werden. Trotz der heute vielfach elektronischen Spielzeuge geht jedoch für
kaum ein Kind der Weg an den einst von Fröbel entwickelten Spielklassikern aus Holz vorbei.*

Sonntäglich fein gemacht im weißen Matrosenanzug, fuhren diese Brüder 1914 mit ihrem
Holländer. Der Holländer ist ein autoähnliches Kinderfahrzeug, das mit den Händen über eine
Deichsel angetrieben und mit den Füßen gelenkt wird.

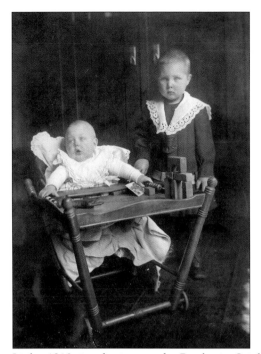

Links: 1910 sitzt der jüngere der Brüder im Spielstuhl, er hat Perlen, Bauklötze und ein Pappma-ché-Spieltier vor sich. Beide tragen mit Richelieu-Stickerei verzierte Kragen. Rechts: 1911 trägt der Jüngere nun Matrosenanzug und Kragen des Älteren, der neu eingekleidet ist. Die Jungen spielen mit Elementen aus dem 1901 von Johann Korbuly entwickelten Matador-Holzbaukasten.

Stolz präsentiert dieser Siebzehnjährige 1903 sein neues Fahrrad mit Diamantrahmen, Ket-tenradantrieb und Luftreifen. 1888 hatte der schottische Tierarzt John Boyd Dunlop für das metallbereifte Dreirad seines Sohnes den Luft-reifen erfunden.

Hier hatte sich der Fotograf einen doppelten Holländer zum Fotografieren umgebaut, denn auf der Straße wäre der Sitzplatz für das kleine Mädchen zu gefährlich gewesen. Der Antrieb dieses Gefährts erfolgte mit jeder Hand einzeln. (1908)

Drei Geschwister im Jahre 1927 auf dem Holländer. Der Jüngste mit seinen kurzen Beinen kommt noch nicht an die Querachse der Vorderräder heran, um lenken zu können, und sitzt dort nur zum Zweck des Fotos.

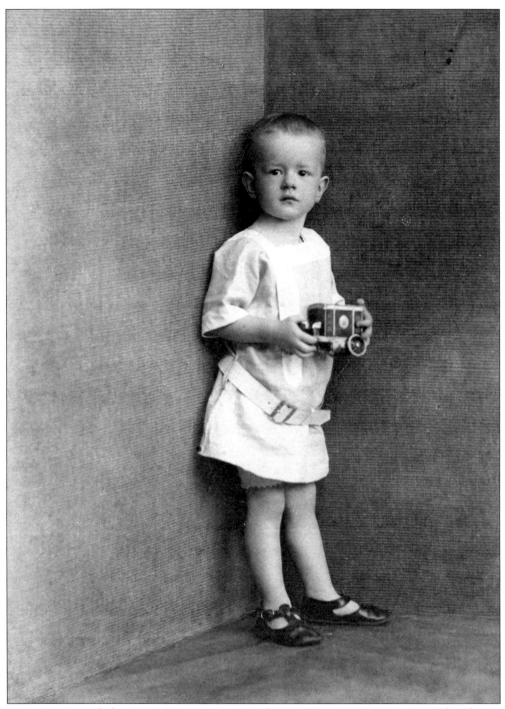

1912: Der Junge hält einen „Zigeunerwagen" und trägt einen sogenannten Russenkittel. Der leicht ausgestellte Kittel mit kleinem rechteckigen Ausschnitt, kurzen, geraden Ärmeln und aufgenähten Borten wurde wegen seiner Zweckmäßigkeit und Bequemlichkeit als Reformkleidung propagiert. Ein großer Vorteil: Der Kittel konnte über mehrere Jahre hinweg angezogen werden und wirkte nicht zu schnell zu klein.

Oben: Zum Weihnachtsfest 1914 hatte der Vater die komplett selbst gebastelte Eisenbahnland-schaft aufgebaut. Das Fenster war der Kälte wegen mit einer Wolldecke verhängt, auf der man die „kohlpechrabenschwarzen Knaben" aus dem „Struwwelpeter" erkennen kann. Unten: Noch 1926 wurde die Eisenbahn mit ungebrochener Begeisterung benutzt.

Vater und Sohn sitzen 1922 hinter einer bunten Windmühle aus Blech (wahrscheinlich der Firma Bing). Gutes Blechspielzeug ist oft sehr fantasievoll und komplex gestaltet und in vielen Teilen beweglich.

Die drei bzw. acht Jahre alten Brüder fahren 1929 mit ihrem vom Vater selbst zusammengebauten Auto auf dem Hof. Der Große tritt in die Pedale und bestimmt mit dem Lenkrad die Richtung. Spaß macht vor allem die Hupe.

1931 schraubt dieser Junge an einem Auto, das aus einem Märklin-Metallbaukasten entstanden ist. 1915 hatte Märklin, die seit 1912 unter Lizenz der englischen Firma Meccano Metallbaukästen herstellte, die Meccano-Markenrechte erworben und produzierte fortan eigene Kästen.

In Reformkleidung fuhr dieser Junge im Jahre 1929 Tretroller. Mit den aus Holz oder Metall gefertigten Rollern erlernten und schulten Kinder die motorischen Grundfähigkeiten, bevor sie auf das Fahrrad umstiegen.

Der kleine Junge im feinen Samtanzug hält ein Windrad in den Händen. Windräder wurden von den Vätern selbst gebastelt, konnten eventuell zu Wasserrädern umfunktioniert und in kleinen Bächen zur Bewegung gebracht werden. (1934)

Auf dem Dreirad ihres kleinen Bruders machte sich die große Schwester 1930 einen Spaß. Oder war sie bloß eifersüchtig, dass sie nicht selbst ein solch schönes Rädchen hatte?

Der Vater und seine Söhne im Jahre 1930 mit ihren Fahrrädern. Das kleinste wurde vom Vater selbst gebaut, besitzt Vollgummibereifung aber keine Rücktrittbremse. Auf diesem Rädchen lernten alle Kinder der Nachbarschaft das Radfahren.

1937 fuhr das Mädchen mit seinem neuen Dreirad durch den Schnee. Das Dreirad hatte ein rotes Gestell und einen blauen Kasten mit Kipp-Mechanismus für den Sandtransport, diente aber als Puppenwagen für die Schildkröt-Puppe. Auffällig ist die sogenannte Teufelsmütze des Mädchens.

Ab dem 16. Jahrhundert wurden Drachen als Kinderspielzeug in Europa populär. 1932 marschierten diese Jungs mit ihrem selbst gebastelten Drachen vornweg, die Mädchen trugen den langen Drachenschwanz vorsichtig hinterher, damit dieser nirgendwo hängen blieb.

Im Jahre 1932 hatten auch die Läden der Edeka-Gruppe noch den Charme von „Tante-Emma-Läden", in denen es familiär zuging. Diese Kinder hatten vom ihrem Edeka-Händler gerade Luftballons geschenkt bekommen.

Ein einfaches, aber immer wieder faszinierendes Vergnügen: Seifenblasen machen. Das Halstuch des Mädchens mit dem Lederknoten zeigt an, dass sie Mitglied im nationalsozialistischen Bund Deutscher Mädel ist. (1937)

Das kleine Mädchen im Spielhöschen lässt sich 1944 von der großen Freundin aus der Nachbarschaft zeigen, wie man richtig Roller fährt.

1943 „arbeitete" dieses Mädchen mit seinem Bollerwägelchen. Darin wurden Sand und Steine transportiert, aber auch die Puppe – dann wurde er zum Puppenwagen.

1948 konnten Kinder zumeist noch bedenkenlos auf der Straße spielen. Der Puppenwagen von 1930 war mit Wachstuch bespannt und zusammenklappbar. Die Großen fahren Rollschuh, die mit Lederbändern über den normalen Halbschuhen befestigt sind. Auf das Dreirad des Nachbarjungen werden begehrliche Blicke geworfen.

Im Jahre 1936 wurde dieses Bild festgehalten. Das Trampelauto „Lilly" hatte Hartgummireifen und fuhr selbst bei Schnee wunderbar.

Für diese Mädchen ist das Rollschuhfahren plötzlich nicht mehr so interessant, denn sie sind dabei, ein großes Loch für ihr Murmelspiel auszukratzen. Und gerade weil das Löchergraben verboten ist, scheint es ihnen besondere Freude zu bereiten. (1955)

Frühling 1954: Mit Fahrrad und Puppenwagen sind Harry und Monika unterwegs zum Waldrand.

An einem Sonntag im Jahre 1957 sind diese Väter mit ihren Kindern auf dem Spielplatz. In den
Fünfzigerjahren war so etwas noch eine absolute Seltenheit und meist nur möglich in Kombination mit dem obligatorischen Sonntagsspaziergang.

Auf dem breiten Bürgersteig lässt eine Gruppe von Mädchen (einige von ihnen in langen Hosen!) 1959 den Hula-Hoop-Reifen um sich kreisen. Ein Spaß nicht nur in der Gruppe, ...

... sondern auch für sich allein gab man sich gern dieser Bewegung hin. 1958 erlebte der Reifen als Spielzeug mit dem Hula-Hoop-Boom eine wahre Wiedergeburt.

Eine Freude für viele Kinder: Mit dem Metallroller über den Bürgersteig fegen und oft mit der großen Klingel klingeln. Die Erwachsenen waren davon natürlich nicht ganz so begeistert. (1950) Rechts: Im Jahre 1963 wurde dieses Mädchen auf ihrem Roller aufgenommen.

Technische Neuentwicklungen spiegelten sich zu allen Zeiten schnell auch im Spielzeug wider: Dieses Düsenflugzeug hatte Räder und konnte wie ein Auto rollen. (1971)

Mit Papier lässt sich unglaublich viel basteln und der Fantasie sind kaum Grenzen gesetzt. Links: Im Sommer 1972 werden am Wasserfass Papierschiffchen zur großen Fahrt bereit gemacht. Rechts: Zum Geburtstag 1955 wurden mit Vaters Hilfe Papierschiffchen mit vielen Fahnen gebastelt, um sie auf dem See schwimmen zu lassen. Leider kippten die Schiffe, weil die Fahnen zu schwer waren.

Ein Spielklassiker sind Legespiele mit bunten Holzplättchen. Die Muster können nach Vorlagen gelegt oder aber kreativ selbst entwickelt werden. (1973)

Zum Weihnachtsfest 1972 wird das Geschenk, das neue Tretauto, mit Begeisterung im Wohnzimmer ausprobiert.

Die in Ense-Parsit ansässige Firma Kettler erfand in den Fünfzigerjahren das „Kettcar", das rasch bei den Kindern beliebt wurde. 1972 ging es für diesen jungen Fahrer mit Helm und in rasantem Tempo die Straße entlang.

Bereits 1922 meldete der Engländer Harold
S. Thornton das Patent für ein Tischfuß-
ballspiel mit Drehstangen an; seit 1967 gibt
es jährlich Deutsche Meisterschaften im
Tischfußball. Heidemarie machte es 1964
großen Spaß, die Figuren des Kickerspiels
auf dem Campingplatz mit beiden Händen
zu bewegen und Tore zu schießen.

Ein packender Spaß für Kinder wie Erwachsene: Zwar sind schon alle im Schlafanzug, doch es
wird begeistert „Kicker" gespielt. (1975)

Wenn der Vater dabei war, durften die Kinder (hier 1956) schon auch mal im Eltern-Schlafzimmer mit der Eisenbahn spielen. Das Mädchen trug eine Mütze und warme Kleidung, weil es im üblicherweise ungeheizten Schlafzimmer sehr kalt war.

Der Traum vieler kleiner Jungen: Lokomotivführer sein. Für diesen Jungen wurde 1981 das gesamte Wohnzimmer zur Landschaft für die Holzeisenbahn. In Deutschland machten sich die Firmen Brio aus Schweden und Eichhorn aus Egglhamm Konkurrenz bei Holzeisenbahnen.

Die Holzeisenbahnen konnten erweitert werden zur Hafenlandschaft mit Leuchtturm, Schiffen, Verladekran und Anlegestelle. Mitten im Wohnzimmer wurden so 1996 Containerschiffe be- und entladen.

Bei der Gestaltung von Spielplätzen orientieren sich die Designer zunehmend an den Wünschen und Vorstellungen der Kinder. Diese riesige Lokomotive mit mehreren Wagen lässt sicher Kinderherzen höher schlagen. (1981)

1998 füllen diese Jungen an einem historischen Berliner Brunnen ihre Wassergewehre auf, um eine moderne Variante des Spiels „Räuber und Gendarm" zu spielen.

Die Unterhaltungselektronik auf dem Vormarsch: In den Achtziger- und Neunzigerjahren hielten Fernsehgeräte, Gameboys und Computerspielkonsolen Einzug in die Kinderzimmer. (1998)

Zwei zwölfjährige Mädchen üben 2004 das Paarfahren mit dem Einrad. Was früher im Hof gespielt wurde, läuft jetzt in Spielstraßen oder auf Garagenvorplätzen ab.

Früh übt sich, wer in der modernen Informationsgesellschaft bestehen will: Der Laptop des Großvaters ist noch besser als der eigene Computer. (2004)

5

Kinder, die nie gespielt haben

Erst im ausgehenden 18. und beginnenden 19. Jahrhundert erkannten Pädagogen wie Salzmann, Pestalozzi und Fröbel den Wert des Spielens für die Entwicklung und die Bildung der Kinder. Bis dahin wurde vor allem in den Familien der „niederen Stände" wenig oder gar kein Wert auf das unbeschwerte Spielen in der Kindheit gelegt. Geschuldet war dies vor allem den oft überaus harten wirtschaftlichen Zwängen: Vielfach mussten schon Kinder im Alter von vier oder fünf Jahren auf dem Feld, im Handwerk oder im Haushalt erste Arbeiten erledigen, um das Überleben der häufig vielköpfigen Familien mit abzusichern. Zeit zum Spiel blieb da kaum, ganz abgesehen davon, dass viele Eltern gar nicht das Geld für den Kauf von Spielzeug erübrigen konnten. Viel zu früh mussten so Generationen von Kindern sehr schnell erwachsen werden, ohne Spielzeug und ausreichend Zeit zum Spielen zu haben. Erst gegen Ende des Ersten Weltkrieges wurde es schließlich auch für die ärmeren Bevölkerungsschichten erschwinglich, die Kinder wenigstens einmal fotografieren zu lassen.

Der vierjährige Sohn des Metzgers im Jahre 1930. Er musste die Rinder von der Weide zum Schlachten holen. Tapfer und gewissenhaft erfüllte er seine Aufgabe und war stolz auf seine Leistung.

Weil dieser Einjährige kein eigenes Spielzeug hatte, gab ihm der Fotograf eine Blume in die Hand, die jedoch vor Aufregung schnell zerdrückt war. Da der Kleine noch nicht allein stehen konnte, hatte der Fotograf sein Ärmchen nach hinten um die Rückenlehne der Bank gelegt.

Im Jahre 1930 wurde dieses vierjährige Mädchen beim Hühnerfüttern im Bild festgehalten.

Nach dem Zweiten Weltkrieg war Essen wichtiger als Spielzeug. 1948 hatte dieses knapp zweijährige Mädchen ein Holzscheit als Puppenersatz. Aus einem Stofffetzen, in den Knoten geknüpft waren, wurde ein Kleiderersatz fabriziert.

Dieses Mädchen erinnerte sich später: „Als Kinder hatten wir wenig Zeit zum Spielen, wir mussten schon in der Landwirtschaft helfen. Besonders wenn im Hof zur Erntezeit viel Arbeit war, mussten alle mit anpacken, auch die Kinder".

Nach getaner Arbeit ist gut ruh'n: In einer Pause bei der Heuernte 1950 pfeift sich dieser Junge eins, während das Mädchen mit ihrem Zopf spielt.

6

Kaufmannsläden und Puppenstuben

Kaufmannsläden und Puppenstuben, wie wir sie heute kennen, wurden im Biedermeier als Spielzeuge populär. Puppenstuben als spezifisches Spielzeug für Mädchen waren den Wohnungen des gehobenen Bürgertums nachempfunden und dienten dazu, ihre Besitzerinnen spielerisch auf ihre künftigen Aufgaben als Hausfrau vorzubereiten. Während wohlhabende Eltern ihren Töchtern große und mit vielen Einrichtungsgegenständen versehene Stuben namhafter Spielzeugfirmen schenken konnten, wurden in ärmeren Familien die Puppenstuben selbst hergestellt und liebevoll ausgestattet. Früher war es durchaus üblich, die Stuben nur zur Bescherung an Heiligabend aufzubauen und sie nach dem Fest wieder zu verstauen. Mit Kaufmannsläden spielten sowohl Jungen als auch Mädchen, übten mit ihnen das Älterwerden und den Umgang mit Geld. Oft wurden diese Läden über Generationen gepflegt und weitergegeben und sind mit ihren zeittypischen Warensortimenten für viele Erwachsene ein Museum der eigenen Kindheitserinnerungen.

Links: Lilott 1918 mit ihrem Kaufmannsladen. Über das Matrosenkleid ist die weiße Schürze gebunden, sie hält schon die kleine Papiertüte in Händen und will verkaufen – „Fenchel und Chocolade, Mandeln, Zucker und Kaffee, Bonbons und Zimmt". Rechts: Der Laden dieser beiden Jungen ist so groß, dass sie sogar hinter der Theke stehen können. (1984)

Diese vier Geschwister kochten gern. Der etwa 30 Jahre alte Herd eignete sich hervorragend dazu, und mit Gemüse, Kartoffeln, Eier, Mehl und Zucker wurde das Essen richtig lecker. (1930)

1927 hatte der Vater eine Puppenküche gebaut, die liebevoll im Stil der Zeit eingerichtet ist: Lampe und Vorhänge, Schrank mit Geschirr und Wassereimer. Und zwei Püppchen sitzen am Tisch.

Das vom Vater 1929 gebaute große „Werkstatt-Haus" mit Aufzug vom Erdgeschoss bis zum Dach, elektrischer Antriebsmaschine im Erdgeschoss, Säge, Schleifstein und Bohrmaschine im ersten Stock, Hammerwerk und Drehkurbel (für den Hampelmann) im zweiten Stock und Windmühle auf dem Dach.

Im Jahre 1939 sitzt Lydia im Garten auf der Wiese, umgeben von all ihren Spielzeugschätzen.

Diese kleine Puppenstube enthält ein Schlafzimmer mit Puppenwiege sowie eine Küche mit Tisch und Stühlen, Geschirrschrank, Kaffeemühle und Herd. (1941)

Dieses Mädchen bewundert 1955 die vom Vater gebaute Puppenstube, die echtes Parkett und ein elektrisches Kaminfeuer besitzt. Ein kleiner Wischmopp zum Saubermachen durfte für die kleine Hausfrau natürlich nicht fehlen.

Diese Puppenstube mit zwei Zimmern ist erweitert durch eine Badestube über dem Wohnzimmer. Das Mädchen hat den Herd herausgenommen und bereitet gerade das Puppenessen zu. (1957)

7

Geschwister – Einsamkeit und Zusammenspiel

Die Beziehungen von Geschwistern untereinander waren und sind nicht immer einfach. Zuneigung und Abneigung, Streit und Versöhnung kennzeichnen zumeist die Verhältnisse. Grund zum Streit bietet seit jeher das (in der Regel von den älteren an die jüngeren Geschwister weitergegebene) Spielzeug, das oft bei demjenigen Begehrlichkeiten weckt, der es gerade nicht in den Händen hält. Andererseits lassen sich viele Spiele mit Geschwistern wesentlich besser oder überhaupt erst spielen. Gerade bei solchen Spielen mit einem „Partner" schulen Kinder ihre sozialen Fähigkeiten. Den immer wieder auftauchenden kleineren und größeren Zwistigkeiten zum Trotz mussten Geschwister zumindest für das obligatorische gemeinsame Foto wieder Einigkeit zeigen. Und dafür durfte dann im Idealfall jeder sein Lieblingsspielzeug präsentieren.

Links: Ein Vierjähriger mit seinen drei Schwestern im Jahre 1880. Rechts: Zwei Brüder, 1882 als stolze Husaren gekleidet.

Vor dem Schloss in Kassel-Wilhelmshöhe spielten an kalten Wintersonntagen Musikkapellen und die begeisterten Kasseler Bürger konnten zur Musik über das Eis des zugefrorenen Lacs (hier im Jahr 1913 aufgenommen) gleiten. Die Söhne dieser gutbürgerlichen Familie hatten in diesem Jahr gerade ihre Schlittschuhe bekommen.

Drei Geschwister, 1882 im Bild festgehalten: die kleine Schwester im rüschenverzierten Kleid, einer der Brüder im Harlekinkostüm, der andere in Schuluniform.

1906 präsentierten sich Atti und Carla im sonntäglichen Putz mit wunderschön gehäkelten Spitzenkragen. Im Hintergrund erkennbar ist ein gusseiserner Schlitten.

Postkarten wie diese aus dem Jahre 1908 wurde an die Verwandten geschickt, um sich für die Taufgeschenke zu bedanken. Die große Schwester sitzt so vor der Holzbank mit dem Taufkissen, dass die darauf liegende kleine Schwester nicht herunterfallen kann.

Zwei Mädchen im Jahre 1908 beim Fotografen. Die kleinere Schwester konnte wohl noch nicht stehen, also wurde sie kurzerhand in den Puppenwagen gesetzt, und die große Schwester fuhr sie vielleicht zur Beruhigung erst einmal etwas umher.

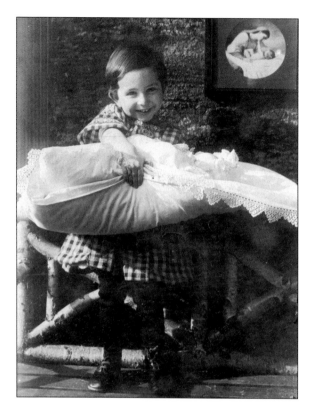

Postkarte zur Taufe 1911: „Dies sind Hansels Schwesterlein! / Sonntags kamen sie zu zweien. / Inge und Ursel schrieb der Küster / auf Mutterchens Wunsch ins Taufregister."

SCHOENEBECK (Elbe)   Salzthor

Verlag: Gustav G. Clemens, Buchhandlung, Schoenebeck.

1913 gehörte in Schönebeck noch den Fußgängern die Straße. Während sich die Erwachsenen unterhielten, spielten die Kinder. Ganz rechts das kleinste wurde wohl gerade zurechtgewiesen. Ein Fotograf war seinerzeit eine kleine Sensation, und alle Umstehenden wollten mit aufs Bild.

Der große Spielplatz am Gradierwerk von Bad Salzelmen um 1930. In der heilenden salzhaltigen Luft des Gradierwerks herumzutoben, war sehr gesundheitsfördernd für die im Kindersanatorium weilenden Jungen und Mädchen.

Um 1912 entstand dieses Bild von Bruder und Schwester, beide sonntäglich fein gemacht, im Garten. Das Mädchen hält eine gehäkelte und mit Perlen verzierte kleine Tasche in der Hand, wie sie viele Mädchen unter Anleitung der Mutter oder Tante selbst anfertigen mussten.

93

Eine Mutter im Kostüm mit ihren beiden Söhnen in Matrosenanzügen, aufgenommen im Jahre 1913.

Lilott mit ihrer großen Schwester im Jahre 1915. Die Mädchen tragen Charlestonkleider nach der neuesten Mode und Lackschuhe.

Noch war die Begeisterung für den Krieg groß und trugen Kinder militärisch anmutende Kleidung: Links Irmgard mit Schultüte und Lederranzen an ihrem ersten Schultag zu Ostern 1916, angezogen mit Matrosenmantel und passender Mütze. Ihr Bruder (rechts) trägt eine Husarenuniformjacke und die Mütze der deutschen Soldaten.

Bei der Belagerung von Metz im Jahre 1915 wurde die Stadt auch mit Granaten beschossen. Neben einem der Geschosse musste dieses Mädchen (wenn auch widerwillig) in der deutschen Uniform mit Koppel, Holzgewehr und Offiziersdolch posieren. Die Fotos wurden von ihrem Onkel als Werbung ausgestellt, und viele deutsche Soldaten ließen sich in ähnlicher Pose fotografieren.

Für die Fotografen waren solche martialischen Erinnerungsfotos des Krieges ein riesiges Geschäft, wie der Blick in das Fotolabor der Brüder Bruère im Jahre 1915 zeigt.

Auch dieses Werbefoto mit Pickelhaube, Dolch und Holzgewehr machte der Kleinen sichtlich keinen Spaß. In den Anfangsjahren des Ersten Weltkrieges waren solche ebenso kitschigen wie fragwürdigen Fotos sehr beliebt, um Grüße in die Heimat zu schicken. Erst in den letzten Jahren ist zunehmend das Bewusstsein dafür gewachsen, dass Kriegsspielzeug jedweder Art nicht in Kinderhände, sondern in den Müll gehört.

Dasselbe Mädchen durfte dann ganz links auf dem Erinnerungsfoto „an die Kriegsjahre 1914–15" zusammen mit Metzgermeister, Schuhmacher, Friseur und Architekt vor der Kulisse des Deutschen Tores von Metz posieren.

Wenn größere und kleinere Kinder zusammentreffen, ist „Pferd und Reiter" ein beliebtes Partnerspiel. 1917 ist dieser kleine Reiter auf dem Rücken der großen Schwester glücklich. In einer Hand hält er die Kordel seines Nachziehpferdchens.

1983 tragen Cousin und Cousine beim Spiel strapazierfähige Jeans, aus denen dank moderner Waschmaschinen und -mittel auch die Grasflecken wieder herausgehen.

Ilse und Hilde zu Ostern 1920 beim Fotografen: Während Hilde ein Blumensträußchen hält, trägt Ilse ein Osterkörbchen. Da sie solche kleinen Körbchen liebte, hob Ilse eines aus ihrer Babyzeit bis ins hohe Alter auf.

Es gibt wohl kaum ein Kind, das nicht von Schnee und den zahlreichen Möglichkeiten, damit zu spielen, fasziniert ist. Auch wenn das Formen von Schneebällen noch nicht klappte, freute sich dieses Mädchen. (1944)

Mit Hilfe der großen Nachbarskinder wurden die Schneekugeln gerollt und aufeinander gesetzt. Beim Fotografieren war der Schneemann dann der ganze Stolz der Kleinen. (1955)

1951 sitzt das jüngste Kind auf dem Hof und rührt Sand mit Wasser – es „kocht". Die großen Kinder lassen es „matschen" und spielen ihre eigenen Spiele.

Der eigene Motorroller war 1955 Traum und Kultobjekt vieler junger Männer. Die Kinder hatten sich natürlich nur des Spieles wegen darauf gesetzt und gestellt.

1959, das erste Weihnachtsfest mit dem kleinen Bruder. Künftig wird die ältere Schwester wohl öfter auf ihn aufpassen müssen, aber auch mit ihm spielen können.

Diesen Unterschrank in der Küche durfte der Sohn öffnen, er war sein „Arbeitsfeld". Schüsseln und Teller aus Porzellan und Glas standen dort neben einer Zitronenpresse aus Plastik und Eierbechern aus Metall, und in der Tür waren Gewürzgläser. Der Junge ging dadurch nicht mehr an andere Schränke, lernte vorsichtig mit den Gegenständen umzugehen und sie dann wieder zurückzustellen. (1972)

Früh übt sich: 1981 sitzt dieses Mädchen im Garten und spielt im Schatten der Bäume ganz versunken Geige.

Zwei Freunde griffen 1980 in die Klaviertasten und lernten: Wenn man zu sehr „patscht", entstehen unangenehme Misstöne.

8

Am Strand und im Sand

Ob im Sandkasten im Hof, am Strand des Meeres oder an einem See – mit Sand und Wasser können Kinder ihrer Kreativität freien Lauf lassen, ohne dazu viel mehr als nur ihre Hände zu benötigen. Im Wasser planschen, selbst gebastelte Schiffchen fahren lassen, Sandkuchen backen, Burgen bauen, Löcher graben, Dämme und Kanäle anlegen, ganze Welten erschaffen oder einfach nur „matschen" – der Fantasie sind kaum Grenzen gesetzt. Noch mehr Spaß macht all dies natürlich mit Sandspielzeugen wie Eimerchen, Förmchen, Sieben, Gießkannen und Schaufeln, die früher aus bemaltem oder emailliertem Blech hergestellt wurden. Ab den 1950er-Jahren eroberten Kunststoffe die Spielzeugwelt, und auch die Palette der Sandspielzeuge erfuhr in Farben, Formen und Funktionen eine erhebliche Erweiterung. Heute sind neben den klassischen „Buddelsachen" Bagger, Kipper und Sandmühlen sehr beliebt.

1920 haben sich diese Jungen im Garten eine Meereslandschaft mit Wasser und Sand geschaffen. Jeder von ihnen führt mit einer langen Stange sein Schiff, denn sie spielen „Schiffe versenken". Damals noch üblich waren Spielschürzen, wie sie die beiden kleineren Jungen über ihrem Matrosenanzug tragen.

Im Matrosenanzug-Spielhöschen und mit einem Kescher stellte sich der kleine Bruder dem Fotografen, während der große Bruder im feschen Matrosenanzug ein großes Paddel hält. Die Meereslandschaft mit Schiff war lediglich gemalte Dekoration im Atelier des Fotografen. (1910)

1921 im Strandkorb auf Rügen: Vom typischen Sandwall um den Strandkorb aus beobachteten die Erwachsenen die Kinder beim Spielen. „Züchtige" Badebekleidung, die nicht zuviel Haut zeigte, war damals für alle Altersklassen ein „Muss".

Sonntagsspaziergang am Waldrand im Jahre 1928: Die Dreijährige sitzt im langärmeligen Spielanzug im Sand, wo sie mit ihren Sandförmchen und dem Eimer aus bemaltem bzw. emailliertem Blech spielt.

Ab den 1950er-Jahren kamen verstärkt Spielsachen aus Kunststoff auf den Markt, die (wie das gezeigte Schwimmtier aus Plastik) haltbarer als die früheren Erzeugnisse aus Gummi waren.

Mit einem Korkreifen gut gesichert, planschte diese Dreijährige 1939 am Meeresufer. Eine aufblasbare Ente aus Gummi gab ihr zusätzliche Sicherheit. Solche Gummitiere hielten jedoch nicht sehr lange, denn aufgrund der Sonne, des Meerwassers und der eingecremten Hände fingen sie schnell an zu kleben und mussten entsorgt werden.

Zwischen Ebbe und Flut: Dieses Mädchen will schnell noch genügend Wasser zum Bau ihrer Sandburgen holen, ehe die Ebbe kommt. (1952)

Diese Mädchen dagegen schaufeln eifrig Sand, um ihre Burgen vor der Flut zu retten. (1954)

Spielen verbindet, und so manche lebenslange Freundschaft wurde beim gemeinsamen Spiel geschlossen. (1956)

Barfuß und mit Eimer und Schaufel ausgestattet, macht diesem kleinen Mann das Spielen im Sandkasten besonders viel Spaß. (1970)

Neue Freunde findet man auf dem Spielplatz sehr schnell. Und vielleicht kann man sich dann ja von dem Älteren auch mal den großen Sandeimer ausborgen. (1970)

Zur Bundesgartenschau 1981 in Kassel wurde in der Nähe der Fulda ein großer Wasser- und Sand-Spielplatz errichtet. Mit breiter Wasserrutsche, Wassermühlen, Klettergeräten, Goldgräberwaschbecken und Spritzdüse war er ein begehrter Spielplatz für alle Altersstufen.

9

Schaukelpferde und andere Pferde

Pferde haben seit jeher die Menschen fasziniert und wurden schon früh als Motiv für Spielzeug verwendet. Schon aus dem antiken Griechenland sind Pferde mit Rädern als Nachziehspielzeuge oder zum Aufsitzen bekannt. Das Schaukelpferd, wie wir es heute kennen (mit gebogenen Kufen), entstand erst einige Jahrhunderte später. Lange Zeit blieben Schaukelpferde – oft aufwändig und lebensecht aus Pappmaché oder Holz mit ledernem Zaumzeug und Naturfell gestaltet – ein Spielzeug für Kinder reicher Familien und tauchen deshalb auf vielen Fotos als Statussymbole auf. Ärmere Kinder mussten sich mit wesentlich schlichteren Modellen aus Holzbrettern oder einem Steckenpferd zum Reiten bescheiden. Kein Wunder, dass die teuren Schaukelpferde einst ganz oben auf den Weihnachtswunschlisten standen. In der wilhelminischen Ära mit ihrer Begeisterung für das Militär wurden Jungen gern als Husaren eingekleidet und als stolze Reiter fotografiert. In adeligen und bürgerlichen Familien sollte damit zugleich die Einstellung der Eltern als staatstreue Bürger deutlich werden, bei denen Zucht, Ordnung und Vaterlandsliebe herrschten. Heute reiten Kinder gern auf den modernen Nachfolgern der Schaukelpferde vor Einkaufsmärkten und auf öffentlichen Spielplätzen, während die Nachzieh- und Steckenpferde etwas aus der Mode gekommen sind.

„Georg's tägliche und liebste Beschäftigung", ist dieses Foto von 1892 auf der Rückseite betitelt. Der Junge hatte sein Schaukelpferd vor den Leiterwagen gespannt und trieb es begeistert mit einer Peitsche an. Welche Arbeit als Fuhrmann oder Bauer mag er sich dabei vorgestellt haben?

Dieser Zweijährige in abgewandelter Husarenuniform steht 1885 neben seinem Schaukelpferd
und hält sich an der Mähne des Tieres fest.

Das Stillsitzen auf dem Pferd für eine ein-
wandfreie Aufnahme dürfte diesem Jungen
1889 durchaus schwer gefallen sein.

Im Jahre 1893 drapierte der Fotograf diesen
Jungen mit einem Nachziehpferdchen und
einer großen Peitsche für das Erinnerungsbild.

1909 ließ sich diese Mutter mit Sohn und Tochter ablichten. Während das Mädchen noch in einer speziellen Sitzkonstruktion sitzt, steht der Junge und hält stolz Peitsche und Ziehkordel des Pferdchens.

Atti 1904 im Einjährigenkleidchen: Als Zeichen seiner Jungenwürde hält er in der rechten Hand eine Pferdepeitsche. Da er noch nicht richtig stehen kann, hat ihn der Fotograf geschickt auf eine Astgabelung gesetzt, sodass der Eindruck entsteht, der Kleine stehe völlig frei.

In weiser Voraussicht hat der Fotograf den Jungen neben das Schaukelpferd auf einen niedrigen Stuhl gesetzt. Das Pferd ist ein teures Modell mit echtem Fell, Ledersattel, Zaumzeug und Steigbügeln. (1905)

Noch ist das Weihnachtsgeschenk, ein Rollpferd, zu groß für den Jungen und er kann es nicht selbst bewegen. Daher ließ ihn der Vater für das Foto ausnahmsweise auf dem Schreibtisch thronen. (1909)

Hoch zu Ross grüßt 1907 dieser Junge in Husarenuniform. Gut erkennbar ist die wacklige Konstruktion der Schaukelkufen, auf die das Rollbrett des Pferdes gelegt wurde.

Im noch zu weiten Anzug des großen Bruders steht dieser Vierjährige 1909 für den Fotografen still, die Kordel des Nachziehpferdchens und eine Weidengerte in den Händen. Interessant drapiert für das Bild ist der Erntewagen mit zwei Pferden.

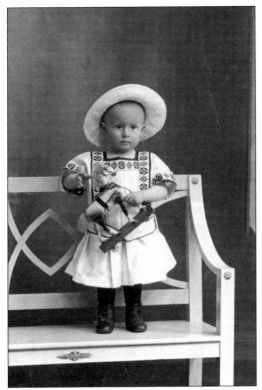

Dieser Einjährige hält ein Nachziehpferdchen in der linken Hand, die rechte will gerade zugreifen. (1910)

Für diese Aufnahme arrangierte der Fotograf 1912 den Fünfjährigen zusammen mit einem Buch und einem Pferd.

Für dieses gemeinsame Foto wurden 1913 die beiden Geschwister in die besten Kleider gesteckt: der Junge in einen Bleyle-Anzug, das Mädchen in ein Samtkleid. Das Nachziehpferd rundet die Bildkomposition ab.

Der Vater schien nicht ganz so begeistert zu sein, als sein Sprössling 1912 mit dem Spielzeugpferd auf den Exerzierplatz in Bad Arolsen kam. Doch die Kameraden stellten sich dazu, und so entstand ein erstaunliches Foto einiger Mitglieder des 83. Regiments.

Auf dem Balkon steht das große Schaukelpferd und suchend schaut sich der Kleine um, ob ihm jemand in den Sattel helfen kann. (1916)

Für diese Aufnahme wurde dem Pferd das Schaukelunterteil untergestellt und der Kleine konnte begeistert schaukeln. (1928)

Für die Aufnahme mit dem großen Bruder wurde hingegen das Schaukelunterteil weggenommen. Offensichtlich war der Junge darüber nicht sehr erfreut, denn seine Beine waren noch nicht so lang, dass er sich am Boden hätte abstoßen können. (1928)

Ein Vater hatte dieses besondere Doppel-Schaukelpferd für seine kleine Tochter gebastelt: Auf dem Brett zwischen den beiden Pferden konnte man bequem sitzen, die Füße standen fest auf dem Bodenbrett und die Stange zwischen den Pferdeköpfen war zum Festhalten gedacht. 1938 wurde der Nachbarsjunge von sanfter Hand geschaukelt.

1942 sitzt dieses Mädchen auf dem alten Schaukelpferd seiner Brüder, das mit echtem Pferdefell bezogen war. Erst als die Motten das Fell schon angefressen hatten, durfte das Mädchen endlich damit schaukeln.

Als „Zirkusdirektor" hatte dieser Junge 1944 im Garten neben der Teppichstange seine Tiere und einen Stehaufclown um sich herum aufgestellt. Bär und Elefant spielten dabei die wichtigste Rolle, zumal der Elefant (der etwas größer als das Holzpferd war) auch als Zugtier diente.

Ein Holzpferd und ein Holzelefant sind angespannt, um den schweren, voll beladenen Anhänger fortzubewegen. Da dem Elefanten die Hinterräder fehlen, wird erst das Pferd bewegt und dann der Elefant vorsichtig auf den Vorderrädern weiter geschoben. (1947)

1947 haben die Geschwister ihr Schaukelpferd vor den Leiterwagen mit Anmachholz gespannt. Nun ziehen sie Pferd und Wagen und transportieren Äste und kleine Baumstücke nach Hause.

1924 spielen diese Kinder mit ihrem Lieblingsspielzeug: das Mädchen mit der Katze, der Junge mit dem Pferd. Leider sind seine Beine noch zu kurz, er kann sich daher nicht auf dem Fußboden abstoßen.

1994 sitzt das acht Monate alte Mädchen in einem modernen Schaukelpferd. Die Sitzstütze im Rücken kann später abgeschraubt werden und es bleiben nur die Haltegriffe am Kopf.

10

Vom Lesen und Theaterspielen

„Lesen bildet", lautet ein altes Sprichwort. Vor allem Kinder erwerben dadurch Wissen, lernen die Welt und ihre Zusammenhänge kennen, entwickeln Fantasie und Kreativität. Mit der spielerischen Darstellung verarbeiten sie das Gelesene oder Gehörte. Doch auch wenn bereits Ende des 18. Jahrhunderts die ersten Werke der Kinder- und Jugendliteratur zur Belehrung und Unterhaltung entstanden, blieb deren Lektüre zunächst den Söhnen und Töchtern der gehobeneren Schichten vorbehalten. Denn Bücher waren teuer und der arbeitsreiche Alltag ließ Lesen als reine Unterhaltung nicht als nutzbringend erscheinen. Erst im 20. Jahrhundert wurden Kinderbücher für alle Schichten erschwinglich, wuchsen mehr und mehr Kinder mit vielen Büchern auf. Zahlreiche Kinderbuchklassiker erfreuten schon Generationen und werden bis heute aufgelegt. Auch wenn sich die neuen Medien in den vergangenen Jahren ihren Platz in den Kinderzimmern erobert haben, ist die Lektüre von Büchern keinesfalls so uninteressant geworden, wie es manchmal scheinen mag. Altbekannte wie auch neue Autoren schaffen es immer wieder, die heutige Kindergeneration für das Lesen zu begeistern.

Bürgerliches Familienidyll im Jahre 1894: Die Familie sitzt in der Laube hinter dem Haus und ruht sich aus. Eine der Töchter liest vor, alle anderen lauschen aufmerksam. Der Bruder scheint künstlerisch begabt zu sein, denn er hat eine Staffelei, viele Pinsel und die Farben vor sich.

Die fünfjährige Frida im Jahre 1893 mit ihrem Lieblings-Märchenbuch in der Hand.

Die sechsjährige Johanna Zeldenrust (1902–1991) im Jahre 1908 am Tisch mit Liederheften. Einige Jahre später wurde sie als Sängerin und Pianistin unter ihrem Künstlernamen „Miss Selden" bekannt.

In der mal zu Deutschland, mal zu Frankreich gehörenden Stadt Metz lebte man mit dem Wachhäuschen und den neuesten politischen Nachrichten. Dieses „belesene" Mädchen strahlt 1908 von der vom Fotografen selbst gestalteten Postkarte.

Im Jahre 1914 ließ sich diese Mutter mit ihren Töchtern und dem Familienfotoalbum fotografieren.

1918 sind die Glaswände des Fotoateliers zerstört, die Häuserwände haben Löcher und die riesigen gemalten Dekorationswände gibt es nicht mehr. Lilott und ihre Freundin haben im alten
Holzkistchen Märchenbilder gesammelt und erzählen sich die Geschichten.

1920 besuchte Lilott zum letzten Mal das
ehemalige Fotoatelier ihres Großvaters.

Die einjährige Helga im Jahre 1928 mit ihrem
Märchenbuch, das sie ihr Leben lang begleitete.

Eines der erfolgreichsten deutschen Kinderbücher ist der „Struwwelpeter" von Heinrich Hoffmann. Oft umstritten, häufig parodiert und modern nachempfunden, ist er bis heute bei Kindern beliebt. (1941)

1977 hat sich dieser Junge aus Decken, Kissen und Handtüchern eine Höhle gebaut. Tief versunken schaut er sich ein dickes Buch über Vulkane und Naturwunder an und buchstabiert sorgfältig.

Diese Mutter hatte 1977 ihre Kinder und deren Freunde um sich versammelt und las ihnen aus den jeweiligen Lieblingsbüchern Geschichten vor.

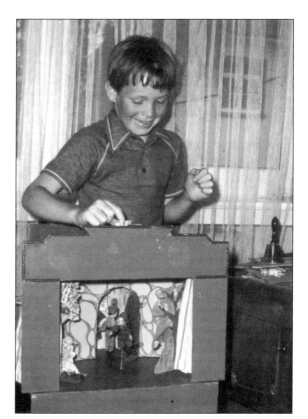

Dank der elterlichen Hilfe ist das Theater nun fertig, und es kann gespielt werden. Die Figuren aus Papiermaschee, Kasper und Seppl, werden an dünnen Drähten vor den ausgeschnittenen Kulissen geführt.

Diese Mädchen schneiden 1976 Papierpuppen aus, die sie mit verschiedenen Papierkleidern immer wieder neu anziehen, um dann mit ihnen ihre Geschichten zu spielen.

Lesen bildet, und das Vorbild der Eltern ist wichtig für die Kinder. Hier lesen Vater und Sohn einträchtig – jeder das Buch, das ihn interessiert. (1977)

1979 führt dieser Dreijährige der kleinen Schwester sein Theater vor: Ein indonesischer Papierdrachen vom Eisbecher wird gezogen und zusammengedrückt – er tanzt. Das Lätzchen ist die Verkleidung des Jungen.

Literaturverzeichnis (Auswahl)

ADAMEK, ULRIKE, *Reformkleidung als Fortschritt? Zur Entstehung einer reformierten Kinderkleidung um die Jahrhundertwende*, Dissertation, Marburg 1982

ALTONAER MUSEUM HAMBURG (HRSG.), *Puppen aus Thüringen vom 18. bis 20. Jahrhundert*, Königstein im Taunus 1998

ANGELETTI, CHARLOTTE et. al., *Aus Münchner Kinderstuben 1750–1930*, Münchner Stadtmuseum 1976

AUBEL, HENNING / BLAHA, BEATE et. al., *Was war wann das erste Mal?*, ADAC- Verlag, München 2002

BENFEY, RUDOLF, *Erinnerungen an Friedrich Fröbel*, Köthen 1880

BLECKWENN, RUTH, *Gesellschaftliche Funktionen bürgerlicher Kinderkleidung in Deutschland zwischen etwa 1770 und 1900*, Dissertation, Münster 1989

BRAUN, I., *Spaß und Spiel – Münchner Kinder um die Jahrhundertwende*, München 1979

FRASER, ANTONIA, *Spielzeug – Die Geschichte des Spielzeugs in aller Welt*, Hamburg 1966

FREVERT, UTE / HAUPT, HEINZ-GERHARD (HRSG.), *Der Mensch des 19. Jahrhunderts*, Frankfurt 1999

DIES.: *Der Mensch des 20. Jahrhunderts*, Frankfurt 1999

FUKAI, AKIKO et. al., *Fashion – Die Sammlung des Kyoto Costume Institute, eine Modegeschichte vom 18. bis 20. Jahrhundert*, Köln 2005

GENTH, PETER, *Als Herrle und Fräle noch jung waren – Aus dem Leben der Bauern und Bürger im östlichen Landkreis Bad Kissingen*, Münnerstadt 1981

HENNIG, CLAIRE, *So lebten die alten Puppen*, Frankfurt 1979

KURTZ, HERMANN, *Spielwaren und Puppen*, Katalog von 1912 (Reprint), Stuttgart 1983

OPIE, JAMES, *The Collector's Guide to 20th-Century Toys*, London 1995

PFEIFFER, WALTER / U. PORAY GODDU, KRYSTYNA, *Teddybär mit Knopf im Ohr*, Hanau 1997

PFLANZE, OTTO, *Bismarck – Der Reichskanzler*, München 1998

PORTMANN, PAUL, *Die Kinderspiele – Zu dem Gemälde von Pieter Bruegel d.Ä. „Kinderspiele"*, Bern 1961

RUTSCHKY, KATHARINA, *Deutsche Kinder-Chronik – Wunsch -und Schreckensbilder aus vier Jahrhunderten*, Köln 1983

SACKMANN, ECKHART, *Mecki – Einer für alle*, Hamburg 1994

STUKENBROK, AUGUST, *Illustrierter Hauptkatalog*, Einbeck 1912, 4. Nachdruckauflage, Hildesheim / New York 1973

THIEL, ERIKA, *Geschichte des Kostüms – Europäische Mode von den Anfängen bis zur Gegenwart*, Berlin 1997

WILHELM, JACQUES, *Modenschau der Jahrhunderte*, Paris / Hamburg o.J.

ZANDER-SEIDEL, JUTTA, *Kleiderwechsel – Frauen-, Männer- und Kinderkleidung des 18. bis 20. Jahrhunderts*, Nürnberg 2002

Sutton Verlag

BÜCHER AUS DEM SUTTON VERLAG

Dresdener Puppenspielmosaik
Olaf Bernstengel, Manfred Scholze
ISBN: 978-3-89702-915-6
19,90 € [D]

Erlebte Industriegeschichte
Die Ilseder Hütte
Karin Ehrich
ISBN: 978-3-89702-935-4
18,90 € [D]

Opel in Eisenach
Bilder eines neuen Werkes
Horst Ihling
ISBN: 978-3-86680-070-0
17,90 € [D]

Eschwege
Karl Kollmann
ISBN: 978-3-89702-391-8
17,90 € [D]

Steinau an der Straße
Geschichte, die bewegt
Konrad Merz, Rainer Geschwinder, Sabine Dänner
ISBN: 978-3-89702-704-6
17,90 € [D]

SUTTON
VERLAG